FRAGMENTS

DE

LA DÉFENSE

DE LA

REVUE CHARENTAISE,

PRÉSENTÉE

Par M. Marc Dufraisse,

LE 29 AVRIL DERNIER,

DEVANT LE TRIBUNAL CORRECTIONNEL D'ANGOULÊME.

(Recueillis sur des notes prises à l'Audience.)

SE VEND 50 CENTIMES :

à Angoulême,   à Ribérac,

Chez M. R. CHAMBAREAUD,   Chez M. A. FÉRÉNOUX,

ÉDITEUR.   RELIEUR-PAPETIER.

1842.

Aux Abonnés de la *Revue Charentaise.*

Notre feuille avait pensé que c'était une obligation pour elle de publier sa défense contre le *Charentais*, présentée devant le tribunal d'Angoulême par M. Marc Dufraisse, de Ribérac. Lorsque nous avons voulu remplir ce devoir envers nos lecteurs, les fragments que nous nous proposions d'éditer ayant un caractère politique, nous avons dû nous abstenir de les insérer dans la *Revue Charentaise*, journal non cautionné, à qui la *matière politique* est interdite. C'est afin de ne pas sortir des limites de notre droit que nous nous sommes déterminé à nous taire complètement, comme journaliste, et à faire imprimer, en dehors de notre publication périodique, les parties de notre défense qui peuvent être reproduites sans danger.

Nous nous garderons donc rigoureusement de livrer au public les passages de la plaidoirie où notre défenseur a abordé le fond même du procès. A Dieu ne plaise que nous reproduisions les imputations prétendues injurieuses et diffamatoires à raison desquelles nous avons été cité en justice ! Mais nous croyons pouvoir et devoir étendre hors de l'étroite enceinte où elles ont été prononcées les paroles que M. Dufraisse a fait entendre alors qu'il s'est élevé à des considérations générales sur les devoirs des journalistes, la conduite qu'ils doivent tenir dans la polémique, et la mission des feuilles périodiques de la Charente. Aucun intérêt privé n'aura à se plaindre, aucune disposition de la loi pénale n'aura été violée, et l'esprit public aura peut-être quelque chose à y gagner.

Angoulème, 5 mai 1842.

RÉGIS CHAMBAREAUD,
Rédacteur et gérant responsable de la REVUE CHARENTAISE.

FRAGMENTS DE LA DÉFENSE

DE LA

REVUE CHARENTAISE.

Vendredi 29 avril, à midi, le palais de justice d'Angoulême, presque désert et silencieux d'ordinaire à pareil jour de la semaine, s'emplissait d'une foule nombreuse et bruyante. Il y avait procès en diffamation entre deux journaux du chef-lieu du département, bien décidés, l'un à poursuivre jusqu'au bout son ennemi, l'autre à justifier sa conduite et à répondre vigoureusement aux attaques de son adversaire. Et, dans cette affaire brûlante, un jeune homme, étranger à la localité, citoyen d'un département limitrophe, venu d'une bourgade du Périgord, vanté par quelques uns, presque inconnu à tous, devait prêter son appui à la feuille traduite en police correctionnelle. C'était plus qu'il n'en fallait pour chatouiller la curiosité publique. Aussi accouraient empressés, et ceux qui aiment le scandale, et ceux qui ont toujours soif de luttes acharnées; et en même temps tous les organes de la presse du département, depuis le rédacteur en chef, jusqu'au correcteur d'épreuves, depuis le maître imprimeur (car le pauvre imprimeur allait aussi être jugé) jusqu'à l'apprenti; et l'on voyait s'empresser à l'envi les partisans des deux journaux et le peuple impartial, mais clément dans sa justice, mais toujours enclin à soutenir le persécuté; enfin l'ordre entier des avocats du lieu, naturellement intéressés à la lutte qui allait s'engager entre l'un des plus renommés parmi eux et le téméraire étranger. Et celui-ci était également soutenu par la présence de nombreux amis de ses doctrines politiques ou seulement de sa parole. Donc, bien des sentiments divers, plus ou moins honnêtes et louables, avaient grossi la foule, qui ne tarda pas à se ruer dans l'enceinte de la justice : en peu d'instants toutes les places furent occupées.

Le parti de la défense et celui de l'attaque se sont naturellement séparés et distribués, l'un à gauche, l'autre à droite, dans l'enceinte réservée au barreau : ici Me Dérivaux tenant le haut de la barre et après lui M. Lefraise, imprimeur-rédacteur-gérant du journal le *Charentais*, poursuivant.

Là, à gauche, au banc de la défense, M. Marc Dufraisse, en tenue de ville, décente, autorisée par la bienveillance du tribunal, mais énigmatique pour le plus grand nombre. Puis, à côté de son défenseur, M. Régis Chambareaud, rédacteur en chef de la *Revue Charentaise*, M. Léandre Chambareaud, son frère, et ensuite Me Bolle, avocat distingué du barreau d'Angoulème, chargé de la défense de M. Sauquet, imprimeur de ce journal.

Les amis politiques du jeune écrivain se mêlent sympathiquement aux amis politiques, aux anciens condisciples de son défenseur. Parmi ceux-ci nous remarquons MM. Alexandre et Numa Dufraisse, le premier imprimeur, le second médecin à Ribérac, journalistes comme leur aîné et fondateurs avec lui de la *Ruche d'Isle-et-Drône*, très-remarquable journal de la Dordogne. On distingue aussi M. Auguste Roussel, directeur de l'imprimerie Dufraisse, collaborateur et ami politique des rédacteurs de la *Ruche*, occupé à prendre des notes sténographiques. Parmi les condisciples du défenseur, venus pour l'aider de leur sympathie privée et l'encourager dans sa lutte, nous en rencontrons un avec un vif sentiment de plaisir, parce qu'il est presque notre concitoyen, M. Duburguet, maire d'Allemans, aussi influent que riche citoyen de la Dordogne et marié à la fille de notre maire, M. Vallier.

Le tribunal de la justice prend place..... Le tribunal de l'opinion publique est déja constitué dans l'enceinte. L'attaque et la défense sont entre eux deux, s'apprêtant à en appeler au jugement de l'un et de l'autre avec une égale ardeur, sinon avec le même espoir.

Nous regrettons bien vivement de ne pouvoir faire assister fidèlement au débat intéressant de cette audience ceux de nos lecteurs qui ne l'on point suivie; mais en matière de procès pour diffamation, la presse a des bornes que la loi lui a défendu de franchir, notre devoir, notre sûreté nous obligeant à beaucoup de prudence, de circonspection et surtout de discrétion. C'est assez dire que nous nous tiendrons constamment dans les limites de notre droit. Puissions-nous réussir à ne blesser trop ni les exigences de notre public, ni la susceptibilité du parquet, deux puissances qui, nous nous plaisons à le dire, ont toujours à notre égard rivalisé d'indulgence !

Etant faite la lecture de la plainte portée contre MM. les accusés par M. Lefraise et des conclusions un peu exorbitantes qui la terminent, Me Dérivaux, l'avocat du plaignant, a pris le premier la parole, ainsi qu'il est d'usage à notre palais.

Quand la voix de Me Dérivaux a eu produit son dernier bruit, M. Marc Dufraisse s'est levé, l'attention s'est réveillée, et un grand silence s'est fait dans l'auditoire. Au premier son, au premier geste, le public a deviné qu'il allait entendre un homme habitué aux artifices du langage, nécessaires à l'orateur. Sa voix est partie douce, pure, presque timide ; son maintien a été modeste, humble, on eût dit suppliant. La modestie et la simplicité de ses premières paroles s'harmonisaient bien avec cette voix et cette tenue. Il a commencé ainsi :

Messieurs, lorsqu'il fut cité à comparaître devant vous, M. Régis Chambareaud chargea de sa défense un jeune avocat du barreau d'Angoulême dont le beau talent le désignait à son choix. La défense fut acceptée. Depuis, par des motifs que j'ignore, mais qui certainement sont honorables et respectables, le défenseur du prévenu lui fit savoir qu'il ne pouvait pas lui continuer l'appui de son ministère.

Dans cette position, M. Chambareaud, craignant à tort, je n'en doute point, que le sentiment de préférence qu'il avait manifesté en faveur d'un de leurs collègues ne l'exposât à un refus de la part des avocats d'Angoulême, a cru devoir chercher un défenseur ailleurs que dans votre cité..

Il a pensé à moi, son compatriote périgourdin, son camarade de collége et son confrère, car il faut bien le dire, je suis journaliste, moi aussi.

Je ne voulus pas accepter la défense offerte comme avocat ; j'aurais craint, messieurs, de paraître venir ici relever le défaut que la défense locale aurait fait au prévenu.

J'assiste donc M. Régis Chambareaud comme conseil et comme ami ; et c'est par un motif, tout de convenance personnelle, que je me présente ici, avec l'assentiment du tribunal, sans le costume d'avocat.

J'ai cru devoir donner dès l'abord ces nécessaires explications.

Quelques faits généraux exposés, dont le récit ne doit pas sortir du prétoire où ils ont été racontés, M. Marc Dufraisse a continué :

Il advint à la *Revue Charentaise* ce qui arrive toujours aux feuilles nouvelles qui sortent de l'ornière battue : les autres journaux la passèrent sous silence, espérant l'exhéréder, par prétérition, du droit de grandir et d'enseigner les citoyens.

La *Revue* n'en progressa pas moins. Elle étudia avec talent et bonne foi des questions de morale et de haute sociabilité. Feuille non cautionnée, elle s'interdit avec une prudence rigoureuse le terrain brûlant de la politique proprement dite; mais elle traita avec sens, avec goût et avec calme des sujets de science, de littérature, d'art et d'économie sociale. J'y lisais hier soir encore une série de remarquables articles sur le délit de mendicité, émanés de la plume facile de l'avocat du *Charentais*, qui, alors, voulait bien honorer de sa collaboration solide cette même feuille contre laquelle il requérait avec tant de feu il n'y a qu'un instant. (Étonnement dans l'auditoire.)

La *Revue* accomplissait sa tâche ainsi comprise et sentie ; elle fonctionnait avec une tolérance de la part du parquet qui fait honneur à la magistrature amovible du tribunal d'Angoulême , et je me plais à l'en féliciter ici avec autant de sincérité que d'éclat.

La loi du 2 juin 1841 fut mise en activité. La cour royale de Bordeaux fut appelée à distribuer entre les feuilles bien pensantes de son ressort la ration splendide des insertions judiciaires , cette pâture nourrissante des feuilles amies du pouvoir, ou des journaux niais.

Le *Charentais* craignit un instant la concurrence de la *Revue* et des autres feuilles d'Angoulême; mais il mordit seul au gâteau officiel , le prit à belles dents et l'emporta. Puis il railla du haut de sa prospérité financière les journaux exclus à son profit, et , sans nommer la *Revue Charentaise*, il laissa tomber sur elle une allusion dédaigneuse , diffamatoire et provocatrice, en la qualifiant de *feuille sans importance* et *sans abonnés*.

Nous passons sous silence quelque faits rappelés par le défenseur, pour arriver à la partie de son discours où il aborde l'objet du procès.

Etranger à la ville d'Angoulême, dit-il, et au département de la Charente , je n'ai pas suivi avec attention et continuité les diverses feuilles qui s'impriment au chef-lieu. Je ne sais pas, dans tous ses détails, l'histoire de leurs querelles déjà anciennes. Je n'ai voulu apprendre de la polémique de personnalité de ces feuilles que l'épisode bien misérable , il faut en convenir, qui en amène aujourd'hui deux d'entre elles devant vous. En sorte que j'arrive dans cette enceinte sans prévention aucune, sans préjugés , sans esprit de coterie , neutre enfin. Je ne m'occuperai donc que des lignes incriminées; je circonscrirai ma discussion dans les bornes de l'article dénoncé, sans m'inquiéter de ce qui s'est passé avant ou depuis, et je la maintiendrai dans les limites déterminées par la plainte même. Si la défense que je vais présenter est moins semée d'incidents et d'attraits, elle n'en sera peut-être que plus juridique dans sa forme et dans son but.

Cela dit, j'arrive au fait particulier du procès.

Après avoir donné lecture de l'article nécrologique de M. de Marcellus, inséré par le *Charentais* dans son Nᵒ du 8 janvier dernier, et exprimé sur la forme insolite de cet article une opinion que nous devons nous abstenir de reproduire, le défenseur a continué en ces termes :

Ce n'est pas, messieurs, que j'admette l'inviolabilité de la tombe ; dans ma pensée, l'homme vivant, sa vie appartient à la société dont il est membre ; mort, sa mémoire relève de l'histoire contemporaine. Mais le jugement qu'on porte sur la carrière du défunt doit être sévère et digne, et les paroles qu'on fait entendre en ce moment doivent être graves comme le sépulcre, solennelles comme les dernières heures d'un mourant. Permis donc au *Charentais* d'apprécier la carrière de M. de Marcellus, mais interdit à lui de troubler par des coq-à-l'âne l'intimité de sa vie. La *Revue* et l'*Echo* l'ont relevé avec mesure et noblesse ; c'était leur droit, c'était même leur devoir, et je les félicite de l'avoir rempli.

A la suite de cette exposition de ce qui s'est passé entre les deux journaux en cause et l'*Echo de la Charente*, M. Marc Dufraisse donne lecture d'un article du *Charentais* continuant la polémique soulevée à l'occasion de l'opinion de cette feuille sur M. de Marcellus. Cet article se termine par les lignes suivantes, sur lesquelles le défenseur appelle l'attention du tribunal :

« Quoique nous tenions fort peu à l'estime de l'*Echo de la* » *Charente* et de *son confrère*, nous ne pouvons nous empêcher, » pour *l'honneur de la presse*, d'exprimer le regret qu'en » présence d'une question de délicatesse et de probité ces » deux feuilles n'aient montré qu'une rivalité honteuse. »

L'article diffamatoire dont se plaint M. Lefraise, a dit le défenseur, n'est qu'une réponse aux lignes injurieuses que je viens de lire. Or, je soutiens qu'il n'y a, dans l'article incriminé, provoqué qu'il a été par le plaignant, aucun délit punissable.

Ici M. Dufraisse, abordant la question légale du procès a démontré qu'en droit la provocation excuse la diffamation.

L'injure verbale, a-t-il dit, l'injure écrite ou imprimée, la diffamation par la voie de l'écriture ou de la presse, ne sont coupables qu'autant qu'elles n'ont pas été provoquées par celui qui se plaint devant les tribunaux; mais s'il a lui même injurié ou diffamé, celui qui n'a fait que répondre à son agression ne lui doit aucune réparation civile et n'encourt aucune peine publique.

Or, en fait, M. Lefraise a été provocateur. L'agression ressort avec évidence des lignes que je viens de vous lire. Reprenons donc une à une les imputations injurieuses et diffamatoires qu'elles contiennent.

Quoique nous tenions fort peu à l'estime de la Revue Charentaise... Injure et provocation ! Si je ne me trompe, messieurs, on tient à l'estime d'un homme qui a de la valeur et de la considération, et l'on tient fort peu à celle d'un homme qui n'a ni considération ni crédit. On est jaloux de l'estime d'un homme qui a de la consistance; on ne l'est pas du tout de celle d'un homme de peu, d'un homme de rien. Lorsqu'on dit à un citoyen : je tiens à votre estime, c'est qu'on l'estime soi-même. Lorsqu'au contraire on dit à quelqu'un qu'on ne tient pas à son estime, c'est qu'on ne l'estime pas soi-même ou qu'on feint de ne l'estimer point. Lors donc que le *Charentais* a écrit à la *Revue :* « Je tiens fort peu à votre estime, » c'est comme s'il avait dit à son gérant qui la représente : « Vous n'êtes pas digne d'estime, parce que vous êtes un homme de peu, un homme de rien, sans crédit, sans consistance, sans considération et sans valeur. » C'est l'avoir injurié, diffamé et provoqué.

.... *Nous ne pouvons nous empêcher, pour l'*HONNEUR DE LA PRESSE, *d'exprimer le regret.....* Encore de l'outrage, de la provocation !... Si je sens bien les choses, messieurs, il me semble qu'exprimer des regrets de la conduite qu'a tenue un journaliste dans une polémique, faire des réserves et des protestations en l'honneur de la presse, c'est lui dire : « Votre conduite a déshonoré la presse; nous protestons pour l'honneur de cette même presse que vous avez avilie et dégradée autant qu'il était en vous. » C'est l'outrager dans tout ce qu'il a de cher et de sacré, c'est le piquer sur le nerf, l'inciser au vif; c'est l'injurier, le diffamer et le provoquer.

.... *Qu'en présence d'une question de délicatesse et de probité, ce journal n'ait montré qu'une* RIVALITÉ HONTEUSE.... Toujours de l'insulte et de la provocation !... Reprocher à un citoyen de n'avoir, dans une question de délicatesse et de probité, montré qu'une rivalité honteuse, c'est pire qu'un soufflet sur la joue et qu'un crachat sur la figure; c'est l'outrage, l'outrage sanglant, la provocation.

.... *Rivalité honteuse !...* Comprenez-vous et sentez-vous, messieurs, tout ce qu'il y a d'insultant dans ces deux mots? Si, en réalité, un journaliste n'était dirigé dans une polémique que par la jalousie de la prospérité commerciale de son adversaire, le lui dire ce serait verser la honte sur sa tête. Mais s'il n'en est rien, si la polémique n'a été inspirée que par des motifs nobles, lui reprocher une *rivalité honteuse*, c'est oindre son front d'ignominie et de turpitude, c'est le diffamer et le provoquer horriblement.

Après avoir relu le paragraphe entier, M. Marc Dufraisse s'est écrié :

Mais si l'on me disait ces choses, à moi, à moi journaliste, ah ! je suerais la honte, je baverais la bile et j'écumerais la rage jusqu'à ce que j'aie tiré vengeance de l'insulte.

Et vous-mêmes, messieurs, quoique vous n'ayez plus la fougue de mon âge et la chaleur de mon sang, si on vous accusait de n'avoir montré, dans une question de délicatesse et de probité, qu'une rivalité honteuse, ne vous sentiriez-vous pas insultés ?

C'est donc le plaignant qui a commencé, lui qui a insulté, lui encore qui a diffamé, lui, toujours lui qui a provoqué. M. Chambareaud n'a fait que riposter, se garantir et se défendre ; il a repoussé l'outrage par l'outrage, la violence morale par la violence morale; il a été dans la nécessité actuelle de la légitime défense de sa personne menacée et attaquée par l'insulte.

Après cette discussion juridique, M. Marc Dufraisse, abordant le côté moral de la poursuite, a continué :

Non, cette misérable affaire ne devait pas être portée devant vous ; elle appartenait à une autre juridiction. Entre journalistes, il n'y a qu'un tribunal compétent, celui des lecteurs; qu'un juge souverain, le sentiment des concitoyens; qu'une cour suprême, l'opinion publique. C'est à cette puissance judiciaire unique que ressortissent leurs querelles et leurs diffamations.

S'appuyant sur cette thèse, le défenseur a fait de la poursuite du plaignant une appréciation que nous nous faisons un devoir de passer sous silence, puis il ajoute :

Il est des cas, messieurs, où l'insulte est tellement grave qu'elle impose une nécessité terrible : l'outragé doit en appeler alors à un jugement suprême qu'on appelait au moyen âge *jugement de Dieu*. (M. le président interrompant l'orateur : Le tribunal ne peut permettre que vous développiez cette thèse.) A Dieu ne plaise, messieurs que je fasse ici l'apologie du duel ; mais nos mœurs françaises y répugneraient moins qu'à la bataille procédurière qui se livre sous vos yeux...(M. le président engage de nouveau le défenseur, avec bienveillance et urbanité, à abandonner le développement de cette doctrine. M. Dufraisse n'insiste plus.)

Interrompu dans la réhabilitation qu'il paraissait vouloir

entreprendre du duel politique, M. Marc Dufraisse, après avoir exprimé l'idée que, quelquefois, le mépris du silence peut être une noble réponse à l'insulte, est revenu par un circuit habile à l'idée qu'il avait à cœur de présenter. Sa pensée, revêtue de formes historiques, a pu, dès lors, se produire avec éclat et liberté.

Qu'un simple particulier, a-t-il dit, outragé dans une feuille périodique ne se contente pas de répondre dans le journal même qui l'a injurié, et qu'il traduise devant les tribunaux les éditeurs responsables de l'insulte, je le comprends jusqu'à un certain point. Mais qu'un journaliste, qui a sa plume, confie à des tiers la répression et la réparation de son injure, c'est ce que je ne conçois pas, ce que l'opinion publique n'accepte pas, ce que nos mœurs françaises ne sanctionneront jamais.

Au temps de la chevalerie (l'exemple est frappant d'analogie et de ressemblance : la presse n'est-elle pas une puissance chevaleresque ? n'a-t-elle pas pris la défense des faibles et des opprimés ?), au temps de la chevalerie, qu'aurait-on dit d'un homme d'armes outragé, qui, ayant éperons et bon cheval, portant cotte de mailles, cuirasse et brassards, casque en tête et lance en main, aurait envoyé à l'offenseur un huissier au lieu d'un hérault d'armes, un exploit de sergent, au lieu d'un cartel de chevalier ; qui aurait cité son ennemi devant une cour de justice, fût-ce même celle du roi ; qui l'aurait appelé ailleurs qu'en champ-clos avec sa part égale et d'espace et de soleil, et qui aurait demandé à une autre puissance que son épée vaillante la réparation de l'insulte et la vengeance de l'affront ? On l'aurait tenu pour lâche, il aurait été la risée de son époque ; il serait encore la fable de nos jours.

Le défenseur a poursuivi l'analogie entre l'exemple du chevalier et du journaliste ; mais nous nous abstenons de reproduire ce qui se rapporte trop directement au fond de l'affaire. Il a terminé en disant :

Entre journalistes on ne se bat pas à coup d'exploit, avec l'argot de la bazoche et le grimoire du palais. L'épée...... (M. le président interrompt vivement du geste. M. Dufraisse obéit et se tait.)

L'orateur poursuit :

Il est une concurrence permise entre journaux, concurrence noble et louable, parce qu'elle est utile et fructueuse pour le pays : c'est lorsqu'ils rivalisent de zèle pour le bien public.

Si donc le *Charentais* avait lutté, avec ses adversaires, de dévoûment aux idées sérieuses et progressives, rien de plus beau, que je sache, rien de plus grand que cette émulation chevaleresque où la patrie aurait eu tant à gagner. Mais faire de la concurrence de boutique et de gros sous, mais chercher à s'enlever la pratique (On rit) comme l'épicier du coin à celui d'en face, c'est dégrader le journalisme, c'est ravaler la pensée immatérielle au rang de la matière brute, c'est déshonorer la presse, la plus noble puissance de notre temps, c'est avilir l'intelligence qui est le plus noble attribut de l'être humain..... Et vous voudriez, après cela, que la justice intervînt avec sa balance et son glaive dans votre querelle mercantile? Ah! vous mériteriez plutôt, marchands que vous êtes, qu'elle s'armât d'un fouet pour vous expulser de ce sanctuaire, comme autrefois le Christ chassa du temple les brocanteurs qui le souillaient! (Mouvement dans l'auditoire.)

Abandonnant la cause et se lançant dans une digression pleine d'intérêt, bien qu'un peu étrangère au fond même du procès, M. Dufraisse continue en ces termes :

Est-ce ainsi que le *Charentais* a compris la dignité du journalisme et la majesté de sa fonction?.... Oh! que ce n'est pas ainsi qu'ils avaient conçu leur rôle, et qu'ils accomplissaient leur mission, ces écrivains intrépides, qui aux beaux jours de 89, mirent au service de la presse périodique et de la révolution leurs plumes ardentes et inspirées! Il y en eut un, magnanime entre tous, dont la Charente apprendra le nom avec plaisir et fierté. Né noble, quoiqu'il appartînt à la caste contre laquelle le peuple s'insurgeait, il reçut avec une joie sincère l'avènement de 89. A la prise de la Bastille, il n'avait pas encore 27 ans; moins de huit jours après le 14 juillet, il donnait à Prudhomme, cet éditeur fameux des *Révolutions de Paris*, son talent désintéressé et valait, du premier coup, à ce bailleur de fonds, plus de deux cent mille souscripteurs. Quinze mois durant, il resta sur la brèche, soldat dévoué de la démocratie; mais cette lutte ininterrompue le brisa. Après les horribles massacres de Nancy, son âme honnête et sensible s'éteignit à 28 ans. Les contemporains rapportent, qu'à l'aspect des malheurs de la France, ce pur et saint jeune homme mourut de douleur et de vertu; et les *Amis de la Patrie* portèrent, pendant trois jours, le deuil de sa mort. Il était né sur le territoire de l'Angoumois; c'était un enfant de la Charente; il s'appelait Armand de Loustalot. (Mouvement de surprise dans l'auditoire.)

Journalistes d'Angoulême, voilà un glorieux précédent de territoire, un noble exemple à suivre, un beau modèle à imiter.

Après avoir exprimé la différence de publicité qui existe entre la feuille de Prudhomme et celles de la localité, M. Marc Dufraisse poursuit :

Il n'en est pas moins vrai, écrivains de la Charente, quelqu'étroite

que soit la surface territoriale où se répandent vos feuilles, qu'il y a
encore là une belle influence à exercer, du bien à faire et une œuvre
de propagande et d'apostolat à accomplir. Ne laissez donc pas l'esprit
public, le feu national et sacré, pâlir et s'éteindre dans le rayon où
vous auriez pour devoir de l'entretenir; et que, sous vous, je vous en
conjure, la Charente ne dégénère pas de son passé, si noble et si glorieux.

Nul département, en effet, il m'est permis de le dire, à moi, étranger
à la Charente, n'accueillit la Révolution avec plus d'enthousiasme,
et ne la défendit avec plus d'héroisme, d'abnégation, de fièvre et d'or-
gueil. Nulle part le peuple ne fut plus impétueux et plus constant dans
son amour de la France. Nul pays, en 92, aux lugubres journées du
danger de la patrie, ne se leva avec plus d'élan sublime et d'unanimité
spontanée que le département de la Charente ; la Charente qui adressa
tant de dons patriotiques à nos assemblées nationales et apporta tant de
riches offrandes sur l'autel de la Révolution ! la Charente qui envoya tant
de bataillons de volontaires vers les Pyrénées et vers les Alpes, contre
la Vendée voisine et sur le Rhin ! la Charente qui tira de ses entrailles
déchirées tant d'héroïques *défenseurs de la patrie,* qui versa tant de son
beau sang sur nos frontières et sema, des ossements de sa jeunesse intré-
pide, tant de champs de bataille républicains ! la Charente qui reçut du
plus illustre de nos congrès nationaux, la Convention, la plus magnifique
décoration qu'on donnât aux dévoûments et aux belles actions de ce temps
là. Il y a, sans doute, dans cette enceinte, car j'y aperçois des têtes blan-
ches et chauves, quelques vieillards qui en ont gardé la souvenance et la
glorieuse tradition.

Cette tirade, dite avec un rare entraînement, a fait sensa-
tion dans l'auditoire; elle a été, ainsi que ce qui suit, écoutée
avec une religieuse attention.

Un jour, en effet, (que le nom du grand mois et le millésime de l'an-
née sombre ne vous épouvantent pas, messieurs.....)

Ici M. le président engage le défenseur à s'arrêter; celui-ci
continue avec plus de calme :

C'était le 7 mars 1793 ; un bataillon de la Charente, avant de marcher
à l'ennemi, défilait dans la salle des séances, sous les yeux des représen-
tants du peuple, enseignes déployées, tambours battant. L'assemblée
entière était levée, découverte, magnanime et frémissante ; les tribunes
applaudissaient et trépignaient d'enthousiasme et de frénésie sainte....
Sur la motion d'un montagnard et le vote unanime de la Convention,
le président Gensonné prononça d'une voix solennelle ces paroles sacra-
mentelles, si magnifiques de simplicité antique et de majesté romaine :

Le département de la Charente A BIEN MÉRITÉ DE LA PATRIE !

La chaude, brillante, mais en même temps solide défense, présentée pour la *Revue Charentaise* par M. Marc Dufraisse, a produit sur nos juges, sur le barreau, sur le public, enfin sur tout l'auditoire une impression qui ne s'effacera pas de longtemps. Ce jeune homme, au début suppliant, ne tarda pas à dominer absolument dans l'enceinte. Les matières qu'agitait sa pensée étaient souvent épineuses. Les auditeurs, que de bonne heure il avait su intéresser vivement à son succès, tremblaient pour lui de le voir s'engager hardiment sur un terrain si accidenté et si brûlant ; mais c'était merveille à entendre combien son improvisation était heureuse, et combien souvent, au silence inquiétant d'une appréhension toute charitable, succéda graduellement une émotion qui s'exprimait par des murmures flatteurs, des cris étouffés d'approbation et d'encouragement, par des mouvements de joie et d'admiration. Il était aisé de voir que les juges eux-mêmes se laissaient aller à écouter même les parties les plus ardentes de l'improvisation. Et si le devoir de ses fonctions a obligé quelquefois l'honorable président à interrompre l'orateur, il faut avouer que l'invitation adressée au défenseur était toujours pleine de bienveillance et d'urbanité, telle enfin qu'il appartenait à un magistrat bien fait pour apprécier le talent, à un homme d'un rang et d'une éducation qui font des formes polies une habitude irrésistible de toute la vie.

Mais, quelque douces qu'aient été ces interruptions, à bien d'autres qu'à l'orateur elles eussent été fatales. Il faut souvent moins qu'une interruption pour rompre le fil délicat de ses idées dans la tête d'un improvisateur. Le nôtre au contraire, tout soumis qu'il était aux volontés du juge, trouvait en lui assez de souplesse d'esprit pour revenir par un habile détour, à l'idée dont on avait interrompu l'expression trop énergique et trop franche ; et, changeant artificieusement la forme seule de sa pensée, il avait le bonheur de la dire, et public et juges le plaisir et l'étonnement de l'avoir apprise tout entière. C'est alors surtout qu'il abordait avec hardiesse et franchise les imputations diffamatoires dont on faisait un crime à son client, alors aussi qu'il traçait hardiment les devoirs du journaliste et qu'il disait ce qui restait à faire à un écrivain diffamé ; c'est quand il parlait de chevaliers, de cartel, d'épée, de plume, d'opinion publique ; c'est aussi, quand, sur un mot imprudemment parti, durant sa réplique, du banc de nos adverasires, il s'écriait : « Girardin !... Ah ! quel nom vous venez de lancer encore dans ce débat ? Demandez à la tombe de Saint-Mandé si Carrel, l'écrivain et le journaliste, traîna son ignoble diffamateur sur les bancs de la correctionnelle ! » C'est en ces moments là surtout qu'il eut à mettre en exercice toutes les ressources de son imagination, tout le langage séduisant de son geste et de sa parole.

M. Marc Dufraisse connaît bien le barreau et le parti qu'on tire contre un avocat du sacrifice qu'il fait de la cause de son client pour fonder sa réputation ! aussi, bien que dans sa pensée la question de droit ne dût être que secondaire pour l'opinion publique, il a tenté de beaux efforts pour notre salut devant nos juges. On se souviendra longtemps au banc des avocats, au parquet, au fauteuil du juge, de la profondeur, de la lucidité, de la logique, de la justesse d'expressions, toutes heureuses qualités avec lesquelles l'orateur, devenu légiste, a présenté un moyen d'acquittement *tout-à-fait imprévu* par la partie adverse , auquel elle n'a su que répondre, surprise et impuissante qu'elle était, et qui nous vaudra, nous l'espérons et c'est la conviction de notre défenseur, un acquittement complet. M. Marc Dufraisse a été bien habile en négligeant absolument et passant même sous silence tous les autres moyens qu'un avocat moins habile n'eût pas manqué d'invoquer, mais que lui, ne les estimant pas péremptoires, s'est bien gardé de présenter, de peur qu'on n'estimât à la même valeur et surtout qu'on ne vît moins en relief le moyen décisif et victorieux. Après sa première plaidoirie il en est qui disaient de M. Marc Dufraisse que c'était certes un orateur éloquent, mais compromettant pour la défense; il en est d'autres qui, après sa réplique, soutenaient qu'il était pour le moins un fort instruit et fort habile avocat.

Mais il est, entre autres, un endroit de son beau discours où l'orateur a fait preuve d'un grand talent, d'une délicatesse et d'une finesse exquise, et que nous tenons à relever : c'est le moment où, par une transition habile, bien ménagée, nous dirons même irréprochable, il s'est hasardé à faire vibrer au milieu de son auditoire de Charentais la corde de la nationalité. Les souvenirs de Loustalot et de la Charente étaient bien propres à éveiller toute l'attention et toute la sympathie des auditeurs, qui tous se sont pris à écouter, sans plus songer à la misérable affaire qui y donnait lieu, cette attachante digression. A voir l'intérêt que tous portaient au dénoûment, on aurait dit d'une vieille histoire qui avait séduit autrefois, mais dont on avait perdu le souvenir. Et l'orateur sentant qu'il était maître de l'attention, s'est plu, par deux fois, à reculer la satisfaction d'une curiosité impérieuse ; et, comme on n'avait garde de l'interrompre, il a su profiter du temps qu'a duré le charme pour donner carrière à son imagination poétique, et son expression à sa pensée démocratique. C'est qu'il était bien beau à voir, sublime à entendre, cet enfant de la Dordogne venant au milieu d'une population enthousiaste chanter la gloire de la Charente républicaine! Les jeunes gens s'étonnaient et admiraient l'histoire de leur pays; les vieillards étaient profondément émus de ces souvenirs de leur jeune âge, et remerciaient du fond du cœur l'homme studieux qui les avait recueillis et qui les leur rappelait avec tant d'éloquence.

Lorsque le défenseur se tut et s'assit on vit les sueurs ruisseler sur son visage; le tribunal suspendit l'audience pour qu'il lui fût loisible de se reposer. On se rangea avec admiration pour lui faire passage : on avait peine à le reconnaître : l'éloquence l'avait transformé. Cet homme avait étonné l'auditoire autant au moins qu'il l'avait enthousiasmé.

A la reprise de l'audience, Me Bolle présenta la défense du sieur Sauquet, imprimeur de la *Revue Charentaise*. On peut dire que cet avocat a parfaitement entrevu, en même temps que le fonds du droit, le côté plaisant de cette affaire, et que les ressources de son esprit ont été grandes pour le mettre en évidence.

Me Bolle n'a pas été moins heureux lorsqu'appréciant la valeur du témoignage du sieur Cognasse, contre son client, il a révélé sa position de transfuge de la *Revue* dans le camp du *Charentais*, et lui a appliqué, avec une justesse plaisante, ce vers si expressif de sa conduite de pique-assiette :

Dînant du *Charentais*, soupant de la *Revue*...

Me Bolle était aussi fort curieux, toujours au sujet du sieur Cognasse, lorsqu'il cherchait, sans vouloir jamais le rencontrer, le nom qui conviendrait à un homme présent qu'on n'ose pas blesser trop au vif et qui aurait été offrir officieusement son témoignage accusateur à la justice. Me Bolle n'a pas été que piquant et aimable dans sa plaidoirie, il a, nous osons l'espérer, absolument renversé l'échafaudage que Me Dérivaux avait élevé avec trois aspects, trois points de vue différents sous chacun desquels le malheureux Sauquet devait être condamné à 3000 fr. de dommages-intérêts.

Les plaidoiries et les répliques entendues, M. Décescauts, remplissant les fonctions du ministère public, a pris la parole. Il ne lui a pas fallu moins de clarté, d'ordre et de concision qu'il n'en a mis dans son discours pour faire oublier qu'il parlait le dernier et réveiller l'attention de son auditoire : il était cinq heures. Son argumentation a été serrée, c'est l'aveu de notre défenseur, quoique sa jurisprudence, bien entendu, ne soit pas celle à laquelle notre défenseur attache notre salut. Le résumé de M. Décescauts est un de ceux auxquels la paresse et l'incapacité du parquet ne nous ont pas habitué toujours en France. Il a su également exciter le rire dans l'auditoire. A Angoulême on se souviendra longtemps qu'un journal peut se dire diffamé, car « ce n'est pas un être moral; il est en réalité représenté par un être *matériel.* » (Eclats de rire). Connaissez-vous l'obésité de M. Lefraise ?

Nous remercions aussi M. Décescauts de l'indulgence qui l'a fait ne requérir que 25 fr. d'amende contre nous, alléguant que là où il était impossible qu'on ait pu causer un préjudice à quelqu'un, il n'y avait pas lieu d'accorder de dommages-intérêts.

Enfin, nous terminerons en reconnaisssant la franchise et l'impartialité qu'il a montrées dans le débat. Il nous a fait une grande joie en poussant l'une et l'autre jusqu'à adresser à M. Marc Dufraisse, pour son grand talent oratoire, pour ses profondes connaissances en législation, pour sa franchise et enfin pour son succès de la journée, des éloges que nous n'enverrions à l'homme désintéressé, qui nous a si heureusement défendu, qu'avec la crainte de sembler exagérer son mérite si universellement reconnu et comme avocat et comme orateur.

Le tribunal a renvoyé à huitaine, et par suite à quinzaine, le prononcé du jugement.

RIBÉRAC, — TYP. D'A. DUFRAISSE, DIRIGÉE PAR A. ROUSSEL.

www.ingramcontent.com/pod-product-compliance
Lightning Source LLC
Chambersburg PA
CBHW060724280326
41933CB00013B/2555